DE

L'EXPOSITION DE TABLEAUX,

EN FAVEUR

DE L'EXTINCTION DE LA MENDICITÉ,

OU

Examen de la Situation actuelle

DES ÉCOLES

CLASSIQUES ET ROMANTIQUES.

....ἡ μὲν οὖν τέχνη.....ἕξις τις μετα λόγου ἀληθοῦς ποιητικὴ ἐστιν.

(ARIST. ETH. LIB. 6, CHAP. 4.)

— L'art est dans une situation poétique et dans un langage vrai.

PARIS,

CHEZ { AL. JOHANEAU, rue du Coq-Saint-Honoré, N° 8;
MESLIER, place de la Bourse;
SAUTELET, rue Richelieu, N° 14.

1829.

DE

L'EXPOSITION DE TABLEAUX

EN FAVEUR

De l'Extinction de la Mendicité,

OU

EXAMEN DE LA SITUATION ACTUELLE

DES ÉCOLES CLASSIQUES ET ROMANTIQUES.

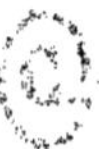

IMPRIMERIE DE STAHL,
Quai des Augustins, n. 9.

DE

L'EXPOSITION DE TABLEAUX,

EN FAVEUR

DE L'EXTINCTION DE LA MENDICITÉ,

OU

Examen de la Situation actuelle

DES ÉCOLES

CLASSIQUES ET ROMANTIQUES.

....ἡ μὲν οὖν τέχνη.....ἕξις τις μετα λόγου ἀληθους ποιητικὴ ἐστιν.

(ARIST. ETH. LIB. 6, CHAP. 4.)

— L'art est dans une situation poétique et dans un langage vrai.

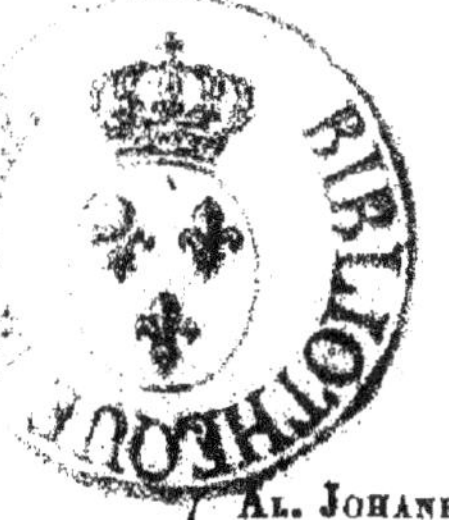

PARIS,

Chez
- AL. JOHANEAU, rue du Coq-Saint-Honoré, N° 8;
- MESLIER, place de la Bourse;
- SAUTELET, rue Richelieu, N° 14.

1829.

Nous restituons aujourd'hui au Public ce que nous ont révélé ses dédains et ses suffrages ; notre situation aussi indépendante qu'il a dépendu de nous de la créer, nous permet de chercher la vérité et de l'exprimer sans restriction et sans contrainte ; nous savons parfaitement que ce n'est pas un moyen de succès.

Les doctrines que contient cette brochure ont été développées à différentes époques dans plusieurs journaux, et notamment dans un journal qui a cessé de paraître ; l'*Aristarque français*. Les portions qui y ont été ajoutées résultent des circonstances actuelles. Le style en est pitoyable, mais le néologisme et les répétitions sont une conséquence presque inévitable d'une critique qui tient à l'art. Nous avons évité soigneusement d'entrer dans des détails étrangers à notre sujet, ceux même qui y ont rapport, ont été présentés aussi brièvement que possible.

La prétention ne nous serait pas venue d'attacher notre nom à cette misère, si nous n'avions eu la pensée que peut-être quelques amours propres froissés imagineraient que ce n'était pas sans motif que nous nous cachions à leur regard, nous le livrons donc aux Don Quichotte et aux Gilblas de toute espèce qui voudraient nous répondre, en les assurant d'avance d'une aussi profonde indifférence à cet égard que celle qu'il leur est loisible de nous témoigner.

RAOUL DE CROY.

DE

L'EXPOSITION DE TABLEAUX

EN FAVEUR

DE L'EXTINCTION DE LA MENDICITÉ,

OU

Examen de la Situation actuelle

DES ÉCOLES CLASSIQUES ET ROMANTIQUES.

Depuis trente ans l'École française a acquis dans les Beaux-Arts un développement immense, son influence sur l'industrie s'est infiniment étendue, les objets les plus usuels et les plus précieux ont été modifiés; les principes de goût qui semblent la diriger intéressent donc maintenant toutes les classes de la société qui en sont devenues tributaires. A mesure que l'esprit public s'est éclairé, l'art est entré pour quelque chose de plus dans des produits qui d'abord n'en avaient offert aucune trace; maintenant tout est de son ressort, une multitude d'objets en reçoivent une physionomie plus pure, plus gracieuse, et contribuent à caractériser l'époque dans laquelle nous vivons. Cependant la situation de cette école est devenue douteuse, une lutte s'est élevée dans son sein, une portion en est accusée de doctrines subversives du beau, tandis qu'on reproche à l'autre une immobilité qui n'existe ni dans la nature, ni dans les autres arts. De la certitude de ses allégations, résulterait une influence infiniment fâcheuse que la société essayerait peut-être de repousser, mais dont elle deviendrait plus probablement la victime, il n'est donc pas sans importance d'examiner leur vérité, d'en indiquer l'exagération ou la prévoyance. L'exposition en faveur de l'extinction de la mendicité, est une circonstance heureuse qui vient de réunir dans les mêmes sentimens généreux les systèmes les plus opposés, ils apparaissent en face du public sans avoir eu à subir les exceptions d'un jugement intermédiaire, nous avons cru devoir la saisir et constater s'il est vrai, comme on le répète généralement, que nous sommes arrivés à une époque de stérilité, où, quelques soient les doctrines, le travail est sans fruit et les efforts sans espérance.

Au premier abord il semble que cette décision soit entièrement de fait, et il paraît inutile d'examiner les principes qui dirigent deux écoles rivales, parce que nul n'est appelé à leur imposer des lois ou à régler leur avenir. Chaque exposition nouvelle d'objets d'arts doit motiver de nouveaux arrêts de la part du public, et ces arrêts toujours dictés par les convenances sociales, indiquent la route qu'il faut suivre mieux que les théories les plus habiles ou que les hommes les plus éclairés. Dire que le public a le goût faux, que le satisfaire est s'égarer, ce n'est rien dire; on ne lutte pas contre des situations qui produisent des besoins nouveaux, qui établissent d'autres modes de sensation et de jouissance. Le pouvoir qui cherche à s'interposer comme juge entre le public et ses élèves, se place dans une position absurde, il faut qu'il succombe, ou par sa propre faiblesse, ou par sa déplorable tyrannie. Mais malheureusement cette question n'en est point encore arrivée au terme nécessaire pour se résoudre d'elle-même. Les deux méthodes obtiennent presque également des suffrages; pour se mettre à même de prévoir à laquelle des deux restera l'avantage; il est nécessaire d'entrer dans une analyse qui révèle dans quelle voie la société a et continuera à marcher, et quelle impulsion elle donnera aux Beaux-Arts. Ou nous nous abusons, ou il y a beaucoup à apprendre dans cet examen, rien n'en surgira peut-être pour la situation actuelle, mais une foule d'intérêts peuvent y trouver des conseils pour l'avenir; l'autorité, si elle apprend à limiter enfin ses attributions, y puisera des leçons utiles, les artistes y apprendront à se rendre bien compte de leurs obligations et de leur influence, en un mot, la société elle-même, ou du moins ses différentes parties productives, pourront s'assurer de résultats qu'il leur importe sans cesse de suivre et même de deviner.

Il suffit du plus simple coup d'œil jeté sur le passé pour se rendre compte des circonstances qui ont développé l'école classique, et qui l'ont perpétué jusqu'à nous avec ses *règles pétrifiées*, pour nous servir d'une expression de madame de Staël, et ses doctrines, maintenant en arrière de toutes les exigeances de l'époque. Affranchie des entraves que les générations du dix-huitième siècle avaient éprouvé dans l'exercice des Beaux-Arts, l'étude d'objets nouveaux, le spectacle de scènes orageuses, d'évènemens extraordinaires, la présence d'un homme de génie, lui rendit tout-à-coup une supériorité absolue sur les productions fardées du siècle précédent. La révolution opérée dans les mœurs amena une révolution complète dans les arts, le passé retomba dans le domaine de l'histoire, la société toute entière commença pour la première fois à exercer son influence sur les productions qui lui étaient consacrées; après avoir été long-temps frivoles ou négligées, ces productions devinrent froides, inanimées, d'un excès elles tombèrent dans un excès contraire. Persuadés des avantages de leur manière, de la supériorité de leurs talens, les auteurs de cette réforme s'attachèrent à des modèles purs, à l'étude des monumens; mais comme gens qui échappent à un abyme sans fond, ils marchèrent froidement, calculant toujours et revenant sans cesse par crainte, au premier type dont la beauté leur avait été démontrée. Engagés dans la même route, les disciples de cette école, par une erreur trop commune, dont la médiocrité et l'ignorance s'arrangent au reste parfaitement, supposèrent à la société la même situation, les mêmes besoins, et continuèrent à produire, ou, pour mieux dire, à répéter dans une manière qui semblait exclusive, dans un genre qui paraissait une garantie certaine de succès. Le gouvernement factice et despotique qui s'établit alors, oppresseur de toute opinion publique, de tout mouvement d'idées, contribua encore à égarer ceux qui s'attachèrent à le satisfaire, la société elle-même circonscrite et enchaînée de nouveau par d'autres liens, semblait partager leur erreur, et décernait, trompée par ses illusions de gloire, des couronnes à des hommes et à des systèmes que leur mérite intrinsèque n'aurait ni exalté, ni soutenu. Lorsqu'une ère nouvelle de liberté se fit entrevoir parmi nous; tout cet échafaudage de convention s'écroula devant un public étonné de sa propre erreur, s'éclairant après avoir été long-temps aveugle, et se surprenant des besoins jusques-là méconnus. Epiménides nouveaux, les privilégiés de cette école, s'arrachèrent quelques momens à leur sommeil pour se rendormir bientôt au bruit de leur réciproque adulation. Au milieu d'une société constituée en pouvoir, progressive par conséquent dans ses institutions et dans ses lumières, ils ne s'aperçurent pas qu'il fallait une école, dont la progression fut semblable; également habile à la satisfaire et à la consulter.

Cette anomalie, la nouvelle école l'a senti parfaitement dès ses premiers essais, quoique sortie d'une même origine et devant ses avantages à une même régénération sociale, ses principes et sa situation en sont devenus essentiellement différens. Si les anciennes doctrines s'étayent sur leur admiration raisonnée, sur des systèmes que les siècles et les circonstances ne sauraient modifier, les doctrines nouvelles suivent au contraire la marche des mœurs et de l'esprit public. Ainsi plus l'une des deux écoles s'identifie avec nous, plus l'école classique se trouve séparée d'une rivale qui avance toujours. Revêtant sans cesse les mêmes formes, plus nous marchons, moins le succès peut accueillir des productions qui parlent un langage étranger à toutes les exigeances, à tous les besoins. Si, depuis trente ans, les goûts du public ne sont pas entièrement modifiés, au moins les préjugés nationaux sont affaiblis, l'esprit d'examen et de critique a fait de sensibles progrès, ce que ressent un peuple, l'autre veut le ressentir, comme il cherche à s'approprier les découvertes utiles, les principes de légalité qui prospèrent chez ses voisins. En fermant volontairement les yeux sur leur situation, en cherchant à maintenir l'école dans des routes abandonnées, les classiques manquent leur but, qui est d'exercer le monopole des Beaux-Arts. Les règles et les systèmes ne sont rien pour un public avide de sensations, et que les arts n'attirent que sous ce rapport; la société, sans exception, dans ses misères comme dans ses grandeurs, l'intéresse en raison de la fidélité avec laquelle on a réussi à la reproduire. Astreindre une action à des lois, n'ajoute ni à sa force, ni à son intérêt : c'est sortir au contraire de la nature, étouffer son génie et restreindre d'avance le nombre de ceux qu'on espérait émouvoir.

Tel qu'on est convenu d'entendre ce mot, le romantisme est donc en définitif l'art d'étudier son siècle et la vérité, de la satisfaire, de le reproduire, sans s'astreindre à aucune règle, sans s'étayer de tous ces moyens usés de produire de l'effet dont l'abus a détruit peu à peu la puissance. Ainsi attaquer cette école parce qu'elle rejette tous les antécédens, c'est repousser les efforts qu'elle fait pour produire du nouveau, pour satisfaire aux exigeances d'une société nouvelle. Les unités, la mythologie, les formes héroïques ont pu être employées avec bonheur, maintenant pour un public dont les jugemens sont plus libres et plus éclairés, ces moyens sont et seront désormais frappés de mort. Une puissance irrésistible existe derrière cette école naissante pour stimuler ses efforts, si, jusqu'à présent, ses premiers essais ont donné peu d'espérance, ce qu'au reste nous ne saurions reconnaître, il est juste de faire la part de l'hésitation et de l'incertitude d'une route nouvelle et des entraves de toute espèce, qui s'opposent à ceux qui veulent la parcourir. Le goût du public façonné depuis long-temps à un certain genre, les préjugés de l'école, les clameurs des envieux forcent à faire des concessions, à effacer sa pensée, à ménager des juges prévenus. Sans doute, l'industrie et le commerce souffriraient de cette malheureuse situation, s'il n'était aisé de concevoir que les recherches historiques de la nouvelle école, son désir de caractériser constamment les époques et les mœurs, finiront par produire une bien plus grande variété de formes que l'imitation restreinte des classiques ne pouvait en fournir. Après tout, nous nous plaisons à le répéter, le genre romantique n'étant qu'une imitation plus intime, plus réelle de la nature, ne peut manquer de servir plus utilement nos besoins, et de se plier plus aisément aux emprunts du commerce et de l'industrie.

Mais des doctrines que professe cette nouvelle école, de son heureuse situation, il ne s'ensuit pas qu'elle soit immédiatement assurée de son triomphe. Si il est nécessaire qu'elle soit vraie, il est nécessaire aussi qu'elle soit libre. L'école classique, dès sa naissance, fut secondée par des circonstances différentes. Tous les antécédens étaient rompus, du milieu des convulsions d'un peuple plein d'espérance et d'illusions, les Beaux-Arts, interprètes de ce mouvement moral de la société, profitaient d'une liberté qui du moins était dans les cœurs. L'autorité ne suivait pas la marche qu'elle s'est imposée depuis dans tout ce qui regarde les intérêts de la société, elle ne croyait pas, comme maintenant, devoir s'interposer entre deux objets ; le public et ses interprètes, dont le contact devrait être immédiat, parce que leurs rapports seuls établissent l'expression de l'époque et de ses nécessités. Et cependant la nouvelle école ne demande pas une révolution complète dans les Beaux-Arts, elle cherche seulement une route nouvelle, qu'une multitude d'obstacles dérobent à ses efforts. Non-seulement le patronage a été établi dans l'action directe, mais comme un père qui entourerait de langes un enfant de vingt ans, on a voulu faire l'éducation des idées, on a prétendu nier son but et son intelligence. Il semble aujourd'hui que l'Académie, les expositions au Louvre, les grands prix et les voyages à Rome, aux frais du Gouvernement, soient autant d'institutions créés dans la pensée d'oblitérer ses dispositions à satisfaire le public et le goût du public lui-même. Tout à la fois juge et partie, nos académies, nos jurys d'admissions, sont des aglomérations partiales, qui ne réservent leur faveur que pour ceux qui se sont montrés dociles à leurs enseignemens ou à leur cécité. Cette préférence qui devrait être au moins le prix de véritables succès, devient par cela même un cercle vicieux d'influence morale sur ceux qui exercent les arts. « De là cette uniformité de physionomie dont on se plaint depuis si long-temps dans tous les ouvrages; de là cette dégradation périodique de chaque génération dont le caractère emprcint d'une façon toujours la même, ne doit donner que des épreuves de plus en plus usées et affaiblies; de là surtout ce grand vice qui d'une multitude de maitres n'en fait qu'un seul, en réunissant par l'esprit de corps à une seule méthode, à une seule manière de voir, toutes les habitudes que la routine et l'exemple dirigent dans le même sens. » (1)

Il nous paraît donc bien démontré que dans la lutte établie entre les deux écoles, les succès de l'une tiennent à ce qu'elle est parvenue à comprendre son époque, et que ceux de l'autre ne sont dûs qu'à l'aveuglement, au savoir-faire et aux subventions de tous genres, que l'autorité se croit encore dans l'obliga-

(1) Quat. de Quincy, 1791.

tion de lui fournir. De ces vérités il résulte que l'école classique peut bien encore se soutenir quelques temps, mais qu'elle ne saurait reprendre un ascendant absolu. Chaque jour mieux comprise, la nouvelle école en s'identifiant de plus en plus avec la société, éprouvera moins d'obstacles. Déjà l'indépendance de ses doctrines a contribué à modifier sa situation secondaire. Les expositions du Louvre ne sont plus exclusives, le public commence à apprécier, non ce qu'on lui accorde, mais ce qui lui convient. Le pouvoir a vu croître rapidement les obligations qu'il s'était imposées, elles sont telles maintenant qu'il ne peut plus les satisfaire. Les expositions particulières doivent naturellement remplacer ces expositions royales, prétendue faveur à époque fixe, dont les artistes faisaient tous les frais, et du rapport direct de tous les essais, de toutes les tentatives, avec un public qui les jugera lui-même, doivent sortir, n'en doutons pas, des talens et des ouvrages plus en harmonie avec ses besoins. Ainsi l'exposition de la rue du Gros-Chenet présente dès à présent des productions remarquables par ce rapprochement nécessaire, on peut y suivre facilement la marche de l'école; les compositions de nos modernes Deucalions y ont trouvé place à côté d'esquisses et de souvenirs moins éloignés de la nature. Les anciennes merveilles d'une autre époque, les hésitations, les témérités, les efforts de celle actuelle, semblent y avoir été déposés pour appeler un jugement quelconque; un coup-d'œil jeté rapidement sur ces différentes productions servira d'application aux principes que nous venons de développer, en prenant toutefois l'engagement positif de servir seulement d'interprète aux arrêts que nous aurons entendu prononcer autour de nous.

Quoique réunies, comme nous venons de le dire, dès le premier abord, les productions qui caractérisent les deux écoles sont faciles à reconnaître. L'exposition parle au public deux langues différentes, l'une vivante et pleine de ses expressions qui vont à l'âme, qui soulèvent les passions; l'autre, morte, ayant de ces beautés dont on peut bien convenir, mais dont on est rarement ému. De ce nombre plusieurs morceaux sortis de la main du chef immortel de l'ancienne école excitent un vif intérêt et font espérer quelques-unes de ces productions qui amenèrent, il y a trente ans, une réforme complète dans l'école française, mais une nouvelle déception attend ceux qui partagent ce sentiment bien naturel d'espérance et de curiosité. De ces trois ouvrages de David à peine un seul est-il susceptible de fixer l'attention. Il est permis de douter qu'à l'époque où ils furent exécutés l'élève de Vien eût conçu la pensée de faire sortir les Beaux-Arts de leur vieillesse et de leur décadence. Cependant, comme scène de famille, l'un de ces tableaux, appartenant à M. Firmin Didot, présente quelques têtes rendues avec vérité et avec une bonhomie qu'il est rare de rencontrer dans ce genre rempli en général de ridicule et de prétentions Greuse lui-même en offre l'exemple à quelques pas de là, la famille de M. de Laborde, composition connue sous le titre de la Mère bien-aimée, prouve combien l'affectation peut dénaturer un véritable talent. Il y a sans doute des qualités très-remarquables dans cette scène de l'auteur de tant de chefs-d'œuvre de naïveté et de sentiment, mais il y a aussi par trop d'abandon; les nudités désagréables n'y sont pas assez épargnées, et cette multitude d'enfans qui entourent une mère chérie, a plutôt l'air de se livrer à quelque nouveau jeu dont elle est l'objet que d'éprouver pour elle une véritable sensation d'amour. Pour en revenir à David, le dessin d'Alexandre, Appèles et Campaspe, nous a paru encore moins vrai et encore plus extraordinaire. Campaspe a pris sous ce crayon ami des nudités, parce qu'à cette époque on les croyait héroïques, des formes qui ne représenteraient pas mal quelques grosses paysannes de nôtre temps, et quant à Alexandre, je devine parfaitement l'intention qui a présidé à la pose et à la physionomie de ce descendant du plus puissant des dieux, mais en vérité, pour le chef de l'école classique, c'est donner un démenti par trop cruel à l'histoire ancienne.

Les drapeaux français repris dans l'arsenal d'Inspruck, Hippocrate refusant les présens d'Artaxercès, la bataille d'Aboukir et le portrait du général Lasalle, sont après les noms que nous venons de citer, les anciens morceaux les plus remarquables de cette exposition. Nous ne voulons par revenir sur les éloges et les critiques qui dans le temps ont été adressés à MM. Meynier, Gros et Girodet, il nous suffira de faire remarquer combien l'exécution de ces tableaux est éloignée de la manière du jour, et les progrès sensibles que l'école à faits en naturel, en étude et en capacité. L'esquisse des drapeaux français, avec sa multitude de figures, ses bouches énormes, ses cheveux hérissés, ses bras et ses jambes disloqués, l'arrangement calculé de ses groupes et l'exagération générale d'une action qui n'était plus une victoire, mais sa conséquence, sert pour ainsi dire de preuve à ce que nous avons avancé plus haut en parlant des tristes résultats que le pouvoir absolu avait amené dans l'ancienne école; le portrait du général Lasalle et la bataille d'Aboukir, donnent lieu aux mêmes réflexions. Nous ne prétendons pas au reste nier le mérite relatif de ces deux tableaux. A l'époque où ils furent conçus, M. le baron Gros n'était pas encore titré, fidèle à ses anciennes opinions, il n'aura sans doute consenti à ce qu'ils fussent de nouveau exposés aux regards du public, que pour établir que le talent n'est pas une conséquence de l'aristocratie et de ses privilèges.

MM. Ansiaux, Ingres, de Bay, Blondel, Debucourt et Pérignon, suivent également la route des anciennes doctrines et semblent se complaire dans la routine d'un itinéraire tracé vingt ans avant eux. Le Philippe V de M. Ingres porte un caractère de système qui ne saurait être le partage d'un esprit éclairé, capable de sentir le naturel et d'apprécier son temps Au milieu des richesses innombrables de l'histoire moderne, il paraît inconcevable qu'on puisse se plaire à choisir un épisode si dénué d'intérêt et d'action; une entrevue entre le vainqueur d'Almanza, le fils d'un prince exilé et dépouillé de sa puissance et le descendant de Louis XIV, aurait pû produire cependant une situation intéressante, s'il se fût agi de tout autre chose que de l'ordre de la Toison-d'Or. Mais qui ne comprend, que par le fait une telle situation, un cordon octroyé au sauveur de la monarchie espagnole ne repousse toute espèce d'expression et de sentiment. Ce n'est plus qu'une cérémonie de cour avec son luxe et ses costumes, M. Ingres ne l'a point senti, car il n'aurait pas alors choisi un tel sujet; mais malgré lui il a été entraîné dans ces puérils détails. Les larges plis d'un manteau, les jolis accessoires d'une culotte ne trouvent malheureusement plus le moyen de plaire de nos jours, au moins M. Ansiaux paraît avoir bien compris cette portion de nos exigences; car si son tableau de Renaud et Armide ne présente point une scène remarquable, il faut lui rendre la justice d'avouer qu'il est parvenu avec un merveilleux courage à élaguer les perruques, les culottes et les talons rouges de sa poëtique composition. Un de ces ballets bien pastoraux, où les ingénieux danseurs de l'Opéra viennent s'asseoir auprès de leurs bergères et leur faire de gros yeux qui s'endorment d'amour, peut jusqu'à un certain point offrir une légère idée de ce que M. Ansiaux prétend avoir lu dans le Tasse; mais ce rapprochement ne serait pas complet si l'on n'y ajoutait quelques unes de ces décorations qui survivent aux générations écoulées comme une merveille digne d'un autre âge et si l'on ne tenait compte à l'auteur de l'imagination calme et mesurée avec laquelle il a traité les accessoires d'une pareille composition. M. Ansiaux est certainement un des plus fermes appuis de la bonne école, de cette école où l'on se pique de savoir dessiner une bosse, étudier un torse et lécher une figure, et je ne doute pas, s'il était arrivé deux siècles plutôt, qu'il n'eût compté parmi ses admirateurs tous les illustres partisans des Scudéry, des la Calprénede et des d'Urfé.

Au reste si M. Ansiaux ne craint pas de persister dans une route, où il n'y a plus maintenant que du ridicule à recueillir, le dévouement de MM. Pérignon et Debucourt est plus complet encore. On y voit la preuve du misérable résultat où de faux systèmes peuvent réduire les moyens d'un artiste, en ne laissant plus agir en lui que les facultés les plus bornées de son art. Le protecteur des Baronius, des d'Ossat, des Bellarmin. Clément VIII, veut décerner au Tasse une couronne immortelle, et les deux Aldobrandini vont recevoir au portes de Rome, l'infortuné favori de Charles IX, l'amant malheureux de la froide Éléonore, tel est le sujet que M. Pérignon a choisi. *Vous venez trop tard, il n'y a plus d'huile dans la lampe*, répond l'auteur d'Aminte, et l'artiste s'est empressé de traduire ces mots, semblables à ces autres paroles mélancoliques dont on nous a conservé le souvenir : *non havendo candele la notte per iscrivere i suoi versi*, en nous montrant une physionomie éteinte où ne brilla jamais le feu de la poésie ni le délire de l'amour. Son tableau est curieux ; comme M. Debucourt il a choisi une scène qu'un peu de génie pouvait rendre dramatique par les sentimens dont elle l'aurait empreint; au lieu de cela, tous deux n'ont reproduit qu'une action sans existence et sans couleur. La procession dans laquelle M. Pérignon fait figurer le Tasse, ne laisse pas que d'être une chose assez plaisante. Avec cette manière de concevoir, nous l'engageons à choisir désormais des scènes dans lesquelles les raisonnemens tiennent lieu d'action, cela du moins le rendra conséquent avec lui-même; il paraît avoir jeté les yeux sur l'histoire de l'Italie au seizième siècle, qu'il prenne pour sujet de son premier tableau Clément VIII discutant la fameuse question *De auxiliis* touchant l'accord de la grâce et du libre arbitre, s'il parvient à personnifier ses éminents orateurs, il aura du moins montré pour la première fois deux qualités qu'il semble avoir ignoré jusqu'à ce jour.

Quelques tableaux de feu Prud'hon figurent également dans cette exposition que les Beaux-Arts consacrent au malheur. Élevé dans les doctrines de l'ancienne école, Prud'hon aussi était classique, mais il l'était avec cet art qui a sa source dans l'esprit, avec cette intelligence qui anime tout ce qu'elle produit et qui fait de l'artiste un second créateur. S'il s'éloignait parfois de la nature, des rêves délicieux se jouaient dans cette imagination remplie de charme et de mélancolie, ce n'était plus l'ancienne mytologie telle qu'on la rencontre toute faite dans quelques froids auteurs, c'était de ces créations nouvelles dont le cœur a seul le secret et qui semblent entourer d'illusions les plus froides réalités de la vie. Sous ce pinceau délicieux. L'innocence entraînée par l'amour et suivie du repentir ne présente plus qu'une de ces idées qui s'unissent à ce que l'homme a de plus éthéré et qui repoussent toute réflexion tristement positive, toute sensation grossière. Mais si l'on aimait à s'égarer avec lui, à oublier l'étroite enceinte où nous vivons, pour se plonger dans les créations infinies de l'esprit, de quelle puissance ne savait-il pas le frapper quand il voulait reproduire ces misères dont nous sommes tous, ou les témoins, ou les victimes. Rien ne saurait être plus touchant que cette *Famille malheureuse*, où l'extrême indigence n'est pas la plus vive des douleurs. C'est un père entouré de ce qu'il a de plus cher au monde et consumé par la maladie et par le besoin. Au milieu des angoisses de son cœur, il a quitté sa couche misérable, et pour la dernière fois peut-être il veut appercevoir ses enfans à ses côtés; une épouvantable pensée de séparation l'oppresse, dans ses yeux éteints, sur sa bouche où règne déjà la mort, on lit ses souffrances actuelles et ses craintes pour l'avenir; sur sa main pâle et décharnée le plus jeune de ses enfans laisse couler ses larmes, son visage la presse; elle qui l'a nourri et si souvent caressé; son frère plus âgé et plus malheureux encore, pressent l'affreuse destinée qui les menace, et ses regards sont fixés avec l'avidité de la terreur sur celui dont il commençait à partager la confiance et dont il avait toujours eu l'amour. Sans doute on pourrait exprimer davantage, car ce tableau est un drame complet qui ne peut manquer de vivement émouvoir. Exécuté dans les dernières années de Prud'hon, il apprend ce qu'on a perdu à ce qu'il n'ait pas cherché plutôt ses succès dans le véritable esprit de son temps. C'est une conversion dont le résultat hors de doute doit inspirer une salutaire confiance dans l'avenir; ajoutons que ce tableau, qui appartient à S. A. R. Madame, ne saurait rester trop long-temps sous les yeux d'un public amené par des dispositions bienfaisantes : nous pouvons le rapporter, parce que nous l'avons vu; une jeune femme après s'être arrêtée long-temps devant cette scène touchante, s'est dirigée immédiatement avec son enfant vers l'urne ouverte à la mendicité, et y a laissé tomber une nouvelle offrande.

Ainsi que cet artiste d'un talent si remarquable, MM. Ducis et Couder ont senti la nécessité de marcher avec leur temps. Jeanne d'Arc et ses persécuteurs est une composition agréable qui rappelle l'auteur de Van-Dick, de Marie Stuart et de tant d'autres productions gracieuses; la tête de la noble pucelle, de l'héroïne, qui plus que sainte Geneviève nous semble mériter notre admiration et nos souvenirs, respire une exaltation mêlée de candeur qui font l'éloge des sentimens de celui qui est parvenu à les créer. M. Ducis d'ailleurs a ajouté à cette composition des détails qui doivent vivement piquer la curiosité, parce qu'ils sont historiques. Cette prison où la jeune inspirée attendit l'épouvantable sort qu'on réservait au sacrilège et la magie, l'artiste y est entré pour y méditer lui-même : ce pilier et ce chapiteau gothiques existent encore et ils ont été dessinés d'après nature. M. Couder dans sa Frédégonde et

Brunehault, pour nous servir de l'ortographe consacré par l'usage, a cherché aussi à sortir des habitudes routinières de ses contemporains; l'effet de son tableau est piquant, mais il se rapproche trop encore de ses compositions froidement symétriques, calculées habilement, dont les lignes sont heureuses, dont les poses sont théâtrales, mais qui sont aussi loin de la nature que les vénérables acteurs du Théâtre français lorsqu'ils démontrent au public, comme quoi le genre classique est le plus amusant de tous les genres. A ces noms il est juste d'ajouter ceux de MM. Gudin, Dubufe, Monvoisin, Regnier, Roqueplan et Van Os, dont le paysage a un accent de vérité et une facilité d'exécution remarquables. Ce degré de mérite, au reste, ne nous étonne pas de sa part; dans la multitude de nos excursions vagabondes, il nous semble que nous l'avons apperçu plus d'une fois au fond de forêts immenses, étudiant la nature avec ardeur, et, suivant l'expression du bon Lemierre :

Ayant pour atelier le sommet des collines.

Ce retour de quelques maîtres de l'école classique à des idées plus en harmonie avec leur temps n'est pas entièrement dû, il faut l'avouer, à l'adoption de doctrines plus éclairées, mais il résulte surtout de l'exemple donné par l'école romantique et des suffrages dont le public a sanctionné ses premiers efforts. En effet, si une sorte de révolution nouvelle ne s'était pas accompli sous leurs yeux, une infinité d'entre eux seraient restés dans l'engourdissement de la routine, qu'une concurrence toujours croissante réussissait à peine à dissiper. Les productions originales, audacieuses si l'on veut, de la nouvelle école ont donc opéré une réforme que le temps n'aurait peut-être jamais amené ; mais la route qu'on a suivi pour arriver jusqu'à elle ne saurait avoir cette franchise d'une première allure, cette heureuse indépendance, qui ne tiennent ni aux préjugés aveugles, ni aux anciennes traditions d'un autre âge. Les tableaux produits par MM. Scheffer, Delacroix, H. Vernet, Decaisne et Poterlet continuent donc à être des objets de prédilection pour le public, parce qu'ils présentent à un plus haut dégré encore, ce caractère de vérité qui ressort autant de l'artiste que d'une représentation qui intéresse la société toute entière. En continuant notre revue de quelques-uns de ces tableaux, nous serons obligés de parler de ceux qui sont exposés à la Société des Amis des Arts, la nouvelle école éprouvant encore trop d'obstacles à se faire jour pour que son pinceau soit aussi fécond que celui d'une rivale qu'un mécanisme bien connu met dans l'heureuse situation d'exécuter rapidement ce qu'elle soumet à un système uniforme de création.

Un sujet bien simple a été choisi par M. Scheffer, c'est une femme relevant de couche. Au premier abord on pourrait croire que rien de saillant ne doit en surgir, mais la vue de son tableau éloigne bientôt cette pensée, et donne la mesure de ce que le talent et l'esprit d'observation peuvent attacher d'intérêt aux scènes les plus ordinaires. La veuve du soldat, la retraite de la grande armée, les restes infortunés de la garnison de Missolonghi préférant la mort à l'esclavage, nous ont déjà révélé le pouvoir de cette faculté qui sait disposer une action et emprunter des formes que les émotions du public semblent appeler et prévenir. Car c'est surtout dans cette nécessité de progression, de vérité, et d'énergie que se trouvent les bases de la nouvelle école, tandis qu'on a affecté d'y voir seulement une révolution matérielle qui n'en était que la conséquence ; le tableau dont nous parlons en offre une preuve nouvelle, le travail en est soigné, mais les formes quoiques pures, les groupes quoiqu'heureux, ont une naïveté que le style académique repoussa toujours. Dans cette physionomie si douce d'une jeune mère qui vient d'acheter par ses souffrances tout ce dont la nature a doté son cœur, un nouveau sentiment d'existence semble se mêler aux impressions que lui inspire ce qui se passe sous ses regards; négligemment entourée d'un grand schal, ses pieds affaiblis reposent sur un coussin qu'ils pressent à peine, ses bras sont abandonnés dans l'oubli d'elle-même, sa tête se penche comme une fleur dont la rosée a couronné la tige légère; vis-à-vis d'elle dans les bras de son père le nouvel être qui lui doit le jour, partage avec un enfant d'un autre âge, des caresses dont on dirait qu'elle est l'objet. L'amour qu'il porte à ce qu'elle aime, elle le ressent pour eux tous, elle est la source de cette union nouvelle, de cette réciprocité de sentimens, premier bonheur de la vie et dont une mère semble avoir été pourvue par le ciel pour que son souvenir reste ineffaçable dans le cœur. On croirait que ce tableau a été conçu en présence d'une pareille scène; M. Scheffer, comme s'il avait voulu se jouer des suppositions, a donné plus d'un trait de sa physionomie à celui qui en occupe le second rôle. Quoiqu'il en soit, Greuze n'a jamais rien fait de plus touchant et de telles productions rendent plus insupportables encore celles qui n'ont d'autre mérite qu'une pureté glaciale et l'approbation que le préjugé impose à ses aveugles adorateurs.

Un autre objet digne d'une attention particulière, a été exposé par M. H. Vernet; en homme d'esprit il a prévu tout l'intérêt qui s'attacherait à cette curieuse révélation sur la fin d'un homme qui occupera une place immense dans l'histoire. Le masque de Bonaparte, pris sur nature après sa mort, a été copié rapidement par lui, et il y a ajouté les réalités de la couleur et de ses oppositions. A peine ces traits altérés sont-ils reconnaissables, non que la mort les aient dénaturé, car ils portent le caractère d'une fin grande et courageuse, mais bien parce que quelques années d'exil ont pesé sur sa tête. L'air impérieux s'est adouci, son regard fier et dédaigneux semble s'être concentré en lui-même, on y découvre les traces de continuelles abstractions, d'un orgueil mélancolique qui s'entourait incessamment des souvenirs de son ancienne gloire, faible compensation de ses humiliations présentes et de son désespoir de l'avenir. Il faut avoir vu cette étude, à peine terminée, pour concevoir toutes les souffrances des dernières années de cet Érostrate insatiable du dix-neuvième siècle ; tout ce que la physionomie humaine peut acquérir de mobilité, on l'aperçoit dans cette tête où chaque impression a laissé des traces. Bonaparte, loin de la France, n'est pas mort abattu par le sort, écrasé par le malheur, ce tableau exprime au contraire que c'est en luttant contre son destin, en marchant avec son siècle, en rêvant encore une puissance infinie qu'il a succombé : fidèle jusqu'à son dernier jour à ce caractère de persévérance et de grandeur qui en avait fait le dominateur du monde.

Mais si l'étude à peine terminée de cette tête renouvelle des souvenirs si remplis de grands objets, si elle inspire à chacun de nous un intérêt qui tient à la part que nous avons eu dans l'époque qu'elle rappèle, d'autres sujets aussi étendus, et pourtant aussi intimes, peuvent exercer sur nous une semblable puissance et animer l'artiste assez heureux pour les bien sentir. Un nouveau débutant dans la carrière des Beaux-Arts a essayé de retracer une scène de cette nature. Empruntée à Shakespeare, il a voulu lui donner un degré d'énergie égal à celui de la poésie de ce génie créateur. Hamlet, dans un de ces momens où l'excès de sa douleur n'est plus accompagné du trouble de sa raison, retrouve, consumés par le temps, les restes d'un malheureux qui fut l'ami de son enfance. — « Le crâne que vous voyez, lui dit le fossoyeur, était celui de Yorick, bouffon du roi. — De Yorick ! répond Hamlet, donne. Hélas ! pauvre Yorick ! je t'ai connu.... Sur la figure d'Hamlet se lisent les douleurs et la préoccupation qui le consument : sur celle du fossoyeur la grossièreté et l'indifférence ; un sourire stupide caractérise ces traits d'un homme qui ne comprend plus et qui méprise les émotions que font naître la vue des derniers restes de notre existence. Un ciel rougeâtre prête une couleur triste et douteuse à cette scène que son auteur, M. Poterlet, a mieux conçu qu'exécuté. Il en est de même des funérailles de Ravenswood, et d'un épisode de la comédie du Malade imaginaire, dans laquelle M. Poterlet nous semble être resté au-dessous de son sujet ; l'un et l'autre, il est vrai, présentent de ces situations qu'il est difficile de bien sentir, c'était une raison pour ne pas les traiter et pour rappeler à leur auteur que la condition des succès dans les Beaux-Arts est de parler à l'imagination et à l'esprit, sous peine d'échouer constamment dans les effets qu'on veut produire, quelque soit le talent et le degré de perfection matérielle où l'on est arrivé.

Je ne sais si le diaphanorama de feu Demarne et les vitreaux de M. le comte de Noë, peuvent être considérés comme une source de sensations nouvelles, et, en conséquence, être rangés parmi les tentatives de l'école romantique, pour atteindre ce but difficile. Si ces productions étaient plus parfaites, peut-être serait-on disposé à penser qu'elles pourraient un jour amener un nouveau genre dans l'école et contenir en elle-même des élémens de succès. Mais telles qu'elles sont maintenant, il semble, notamment pour le diaphanorama, que leurs auteurs ignorent encore les premiers principes de la peinture sur verre, si curieuse dans son histoire, et si singulièrement oubliée dans la pratique de ses procédés. M. le comte de Noé doit donc craindre, quelque soit la perspective où nous aimons à croire que sa persévérance éclairée doit arriver, que cette espèce de peinture, oubliée si vite, après avoir été cultivée si long-temps, n'éprouve des difficultés insurmontables dans son développement; difficultés qui tiennent à notre époque et à nos habitudes. En effet, on pourrait lui demander à quoi bon, lorsque chaque jour voit diminuer le nombre de nos monumens gothiques dans lesquels seulement la peinture sur verre paraissait bien adaptée, on s'occuperait d'une nouvelle espèce de production qui ne se prêtera jamais ni à une représentation fidèle de la nature, ni aux constructions modernes d'un style qui ne saurait admettre ces détails d'embellissement et de patience. Je sais que si ce genre était arrivé à une perfection réelle, il se présenterait probablement des encouragemens imprévus en sa faveur, mais jusque-là il serait imprudent à M. le comte de Noé, et au public, de compter beaucoup sur des résultats qui pourraient les égarer tous deux sans réussir à les satisfaire ou à améliorer la situation des Beaux-Arts.

Beaucoup d'autres productions exposées dans l'emplacement concédé à la Société des Amis des Arts, et dans la salle de la rue du Gros-Chenet, ne valent pas la peine qu'on prendrait à s'en rendre compte :

ce sont des charités faites par des artistes qui nous en voudraient, sans doute, si nous nous permettions de révéler leurs noms; nous ne pousserons donc pas plus loin cet examen. Il est déjà trop long s'il n'est pas parvenu à faire comprendre notre pensée. Nous avons cherché à exposer la situation actuelle des deux écoles, l'influence qui les dirige, leurs espérances dans l'avenir; mais aux réflexions que nous avons présentées il est nécessaire d'en ajouter quelques autres, car ce n'est pas assez d'indiquer les mesures qui séparent des systèmes opposés, il faut encore montrer le remède à côté du mal et le signaler de telle sorte qu'il ne puisse pas rester de doute sur sa réalité. Ce dernier aperçu sera bien simple; il serait ridicule de s'attendre à nous voir exposer de nouveaux systèmes lorsque nous les proscrivons, et que jusqu'à présent nous avons recherché la vérité, sans prétendre même en insinuer la nature. Dans leur partie positive les améliorations que nous sollicitons, reposent toutes sur une pensée de liberté absolue, qui dispense le pouvoir de ses laborieuses prévisions, et qui restreigne sa responsabilité et ses travaux. Chaque jour leur nécessité se fait sentir davantage; nous ne dépassons pas l'opinion publique en les présentant, et c'est encore un encouragement pour nous, de nous porter son interprète, par la pensée, que nous contribuerons peut-être en quelque chose à en accélérer le moment.

La plus simple connaissance des divers élémens qu'on est convenu de réunir sous la dénomination de

Beaux-Arts, fait sentir l'impossibilité d'une direction systématique et conséquente. Nous l'avons déjà dit, la puissance qui s'interpose entre le public et les artistes tend évidemment à les séparer sans cesse, en s'imaginant les rapprocher, et à constituer à ces derniers, un tribunal ou ridicule ou dangereux. Son influence doit s'exercer non sur des hommes ordinaires, mais sur des êtres dont l'esprit est dans un état d'exaltation perpétuelle, dans un mouvement continu vers un même objet. De cette fermentation dépend en grande partie la supériorité ou l'impuissance de ceux qui y sont habituellement livrés. Traiter sans ménagement de tels individus, ce ne serait plus diriger, ce serait étouffer, ce serait bouleverser les arts. Un ministère purement moral ne saurait donc employer d'autres moyens que l'exception et la faveur, et dès lors on peut en calculer les funestes conséquences. Il devient le protecteur né des médiocrités et de l'intrigue, plus habile à solliciter qu'à produire, et l'oubli, seul moyen de répression qu'il ait par devers lui, ne tombe plus que sur le mérite studieux, d'autant plus modeste que le charlatanisme est plus turbulent. Une alliance en résulte aussitôt entre les intérêts qui peuvent exploiter ses faveurs, et si, ce qui peut arriver, cet exercice du pouvoir est entièrement un objet de munificence et de grandeur, la prime accordée à quelques individus, ou à certain genre, en devient d'autant plus onéreuse pour ceux qui y avaient droit et qui ne parviennent pas à en obtenir leur part.

Tous ces inconvéniens d'une direction inutile, nous les éprouvons maintenant ; mais, comme s'ils n'étaient pas suffisants, on y a ajouté d'autres institutions qui ont été créées par la pensée de détourner ou du moins de diviser une responsabilité dont on appréciait le danger. Nos jurys d'admissions, nos corporations privilégiées d'individus qui ne veulent ni rien apprendre, ni rien oublier, viennent seconder ces funestes entraves que le pouvoir élève malheureusement à toute tentative d'indépendance : une foule d'inconséquence en résulte. On voit cette administration, lorsqu'il s'agit des expositions biennales du Louvre s'entourer soigneusement d'un conseil, et lorsqu'il faut décerner des récompenses, elle seule prononce et se croit capable de prononcer. D'un côté, un jury composé d'individus dont l'existence est basée sur la mort de ceux qu'ils jugent, impose au public ses goûts, ses sensations, son uniformité routinière, d'un autre côté, le chef de cette administration ne tient compte, ni des premiers arrêts du jury, ni des décisions du public pour juger en dernier ressort. On veut épurer son goût, en ne lui présentant que des objets dignes de son admiration et de ses regards, et l'on admet, ou l'on proscrit en masse les productions qui lui avaient été destinées. Il est vrai que favorisé une fois d'une récompense éclatante par la direction des Beaux-Arts, ces formalités tombent et que l'on accorde un peu de liberté à celui qui l'a acheté en s'immolant ; mais alors il reste comme un pestiféré dont la quarantaine a constaté la maladie, si le azaret ne lui a pas inoculé la mort. Sans lois positives, sans réglement fixe, toutes fondées sur des principes abstraits, ceux du goût; ces institutions marchent nécessairement entourées d'une foule de sollicitations, de prières et de menaces, d'espérances naissantes, de droits prétendus acquis, de prétentions orgueilleuses, qui ne peuvent que contribuer à l'égarer. Pour peu que l'injustice domine, au lieu de seconder la société dans ses lumières, de la satisfaire dans ses besoins, elle ne recueille que haine ou que dédain; elle avilit ce qu'elle devrait protéger, et son existence n'est plus qu'une plaie, au lieu d'être une source constante et perpétuelle de prospérité.

Avant 1791, dans un temps où les arts étaient en pleine décadence, les réglemens de l'ancienne Académie présentaient, comme tribunal constitué pour juger toutes les productions qui tenaient à l'art, des obligations mieux tracées, des formes mieux comprises que celles qui nous régissent maintenant. Les expositions des artistes vivants existaient, comme elles existent aujourd'hui, mais elles n'étaient ni une source continuelle de plaintes, ni un objet sans cesse renaissant de désordre. Restrictive dans son action, on accusait cette ancienne Académie d'avoir perdu les Beaux-Arts, mais cette accusation était peut-être gratuite, parce que la société d'alors suffisait seule pour les égarer; tandis qu'avec un public libre dans sa marche, et plus éclairé dans ses jugemens, il est évident que c'est à nos jurys d'admissions, à notre administration générale que sont dues les productions surannées dont nous sommes inondés tous les jours. Sans eux, ces productions se seraient sans cesse modifiées avec leur temps, elles en auraient suivi la marche, et ce que le public lui-même aurait repoussé, on ne se serait pas obstiné à le reproduire. La progression dans les arts aurait été plus rapide, ils n'auraient pas été infectés de systèmes qui tendent à étouffer le caractère national de nos productions, et à nous montrer à la postérité comme un peuple sans génie, comme un troupeau d'imitateurs serviles qui n'a pas su faire un seul pas depuis la naissance du monde.

Dans cet aperçu rapide nous sommes bien loin d'avoir exagéré les choses; pour s'en convaincre qu'on jette les yeux sur la marche de l'école italienne et de l'école flamande, qu'on cherche si elles ont dû l'éclat dont elles ont brillé, les productions qu'elles nous ont laissées, à une direction fixe, systèmatique, à toutes les situations déplorables dont cette direction nous entoure. L'Italie du seizième siècle, comme les autres nations de ce temps, sortait à peine cependant des ténèbres du moyen âge, de la barbarie que les guerres civiles avaient amené; et ce moment, ou jamais, semblait appeler la direction d'une autorité prévoyante et désireuse de perfectionner les arts. Si on la leur avait imposé, il est plus que probable que l'élan aurait été comprimé, et qu'on aurait réduit ces productions immortelles à un caractère de médiocrité qui les aurait empêché d'arriver jusqu'à nous. On ne saurait prétendre, ce me semble, qu'au dix-neuvième siècle, sous des institutions libérales et progressives, il doive exister des limites plus étroites qu'à une époque de renaissance. Lorsque nous exprimons le désir de voir tomber toutes es entraves, de rendre le public seul juge, immédiatement et sans restriction, nous énonçons donc une proposition soutenue d'anciens exemples et démontrée par les circonstances présentes. Que de ce public seul, nous le répétons, sortent les véritables récompenses; que le pouvoir, s'il veut encourager, le fasse en concurrence avec lui, en prenant pour guide l'expression de ses besoins au lieu de prétendre les guider, et nous réussirons à reprendre une supériorité complète sur des siècles en arrière de notre civilisation actuelle. Nous verrons les productions de notre école, recherchées comme celles que nous venons de citer, les nations étrangères trouveront parmi nous des hommes assez indépendans pour s'élever jusqu'à servir d'interprètes aux monumens de leur gloire. Nous ne tournerons plus dans un cercle étroit dont la médiocrité doit être la conséquence; la Liberté, compagne inséparable du génie, dotera nos Beaux-Arts de facultés nouvelles et ils viendront contribuer alors au développement d'une nation qui se réveille pour prendre le rang que sa véritable indépendance doit enfin lui assurer.

FIN.

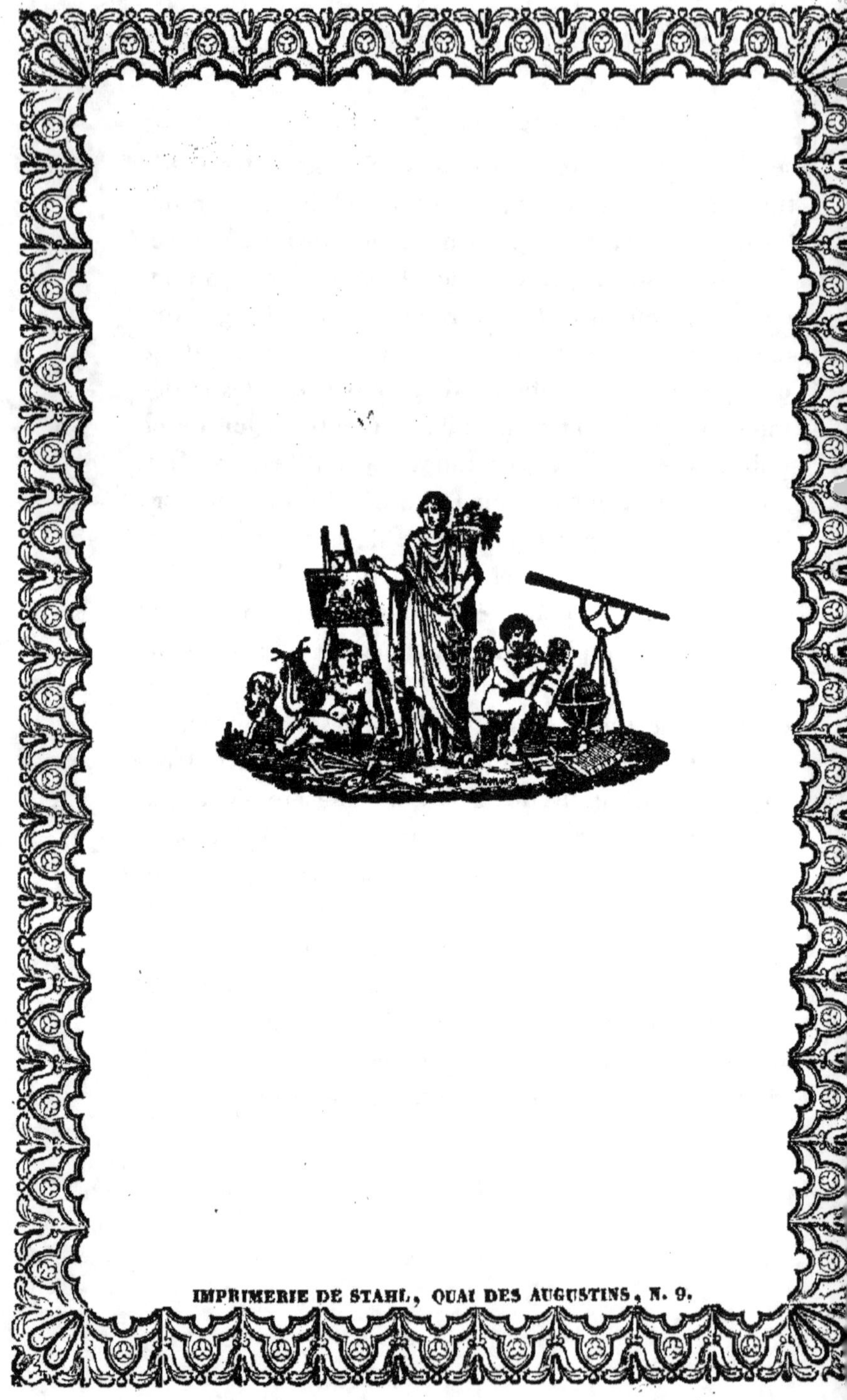

IMPRIMERIE DE STAHL, QUAI DES AUGUSTINS, N. 9.

www.ingramcontent.com/pod-product-compliance
Lightning Source LLC
LaVergne TN
LVHW050219180726
843501LV00013BA/2161

* 9 7 8 2 3 2 9 6 5 3 4 3 3 *